Panda rojo

Julie Murray

Abdo Kids Junior es una
subdivisión de Abdo Kids
abdobooks.com

ANIMALES INTERESANTES

abdobooks.com

Published by Abdo Kids, a division of ABDO, P.O. Box 398166, Minneapolis, Minnesota 55439. Copyright © 2024 by Abdo Consulting Group, Inc. International copyrights reserved in all countries. No part of this book may be reproduced in any form without written permission from the publisher. Abdo Kids Junior™ is a trademark and logo of Abdo Kids.

Printed in the United States of America, North Mankato, Minnesota.
052023
092023

THIS BOOK CONTAINS RECYCLED MATERIALS

Spanish Translator: Maria Puchol

Photo Credits: Alamy, Getty Images, Minden Pictures, Shutterstock

Production Contributors: Teddy Borth, Jennie Forsberg, Grace Hansen

Design Contributors: Candice Keimig, Pakou Moua

Library of Congress Control Number: 2022950863
Publisher's Cataloging-in-Publication Data
Names: Murray, Julie, author.
Title: Panda rojo/ by Julie Murray
Other title: Red pandas. Spanish
Description: Minneapolis, Minnesota: Abdo Kids, 2024. | Series: Animales interesantes | Includes online resources and index
Identifiers: ISBN 9781098267483 (lib.bdg.) | ISBN 9781098268046 (ebook)
Subjects: LCSH: Red panda--Juvenile literature. | Lesser panda--Juvenile literature. | Animals--Juvenile literature. | Forest animals--Juvenile literature. | Zoology--Juvenile literature. | Spanish Language Materials--Juvenile literature.
Classification: DDC 599.763--dc23

Contenido

El panda rojo 4

Características 22

Glosario 23

Índice 24

Código Abdo Kids . . .24

El panda rojo

Los panda rojos viven en Asia. Se encuentran principalmente en las montañas.

Los panda rojos pueden crecer hasta dos pies (61 cm). Y pueden pesar hasta 17 libras (7.7 kg).

7

Su pelaje es de color rojizo, pero las patas y la panza son negras.

Tienen la cabeza redonda.
En la cara y en las orejas
tienen pelo blanco.

La cola del panda rojo es larga con rayas.

Puede pararse en sus patas traseras. Lo hacen cuando tienen miedo.

Tienen los pies **acolchonados**.

¡Sus garras son afiladas!

Son buenos escalando. Pasan la mayoría del tiempo en los árboles.

Se alimentan de **bambú**. También comen frutos del bosque y huevos.

Características

cola larga

garras afiladas

marcas blancas en la cara y en las orejas

pelaje rojizo y negro

Glosario

acolchonado
recubierto de material blando con un fin protector. Las zarpas del panda rojo están recubiertas de pelo.

bambú
planta de hierba tropical con tallos huecos, leñosos y duros.

Índice

alimento 20

altura 12

Asia 4

cabeza 10

color 8, 10, 12

garras 16

hábitat 4, 8

marcas 8, 10 ,12

patas 8, 14

pelaje 8, 10

pies 16

tamaño 6

¡Visita nuestra página **abdokids.com** y usa este código para tener acceso a juegos, manualidades, videos y mucho más!

Los recursos de internet están en inglés.

Usa este código Abdo Kids

IRK4161

¡o escanea este código QR!